Der Tichy

Wenn der Beruf zur Berufung wird.
Jubiläum eines Wiener Wahrzeichens

Das folgende Interview mit Komm. Rat Kurt Tichy
ist die Zusammenfassung eines mehrstündigen
Gesprächs in gemütlicher Atmosphäre, in dessen Verlauf
ich einen großen Österreicher kennenlernen durfte.

Eva Maria Milde, März 1997

MILDE VERLAG

„Wenn ich ein Eis erzeugen müßt',
das mir selber nicht schmeckt,
würde ich kein Eiserzeuger sein."

REPUBLIK ÖSTERREICH

PATENTURKUNDE

GEMÄSS DEM PATENTGESETZ IST

FÜR DIE IN DER ANGEFÜGTEN PATENTSCHRIFT
BESCHRIEBENE ERFINDUNG
EIN PATENT UNTER DER
NR. 271164
ERTEILT WORDEN.

DEN 27. MAI 1969

ÖSTERREICHISCHES PATENTAMT
PATENTREGISTER

DIE JAHR GEBÜHREN
ALLJÄHRLICH FÄLLIG AM 15. AUGUST

Dr. Michael Häupl
Bürgermeister von Wien

Die französische Kochkunst ist weltberühmt, doch gibt es keine typische Pariser Küche. In Österreich dagegen liegen die Verhältnisse genau umgekehrt: Es gibt zwar keine einheitliche österreichische Küche. Doch darf sich die österreichische Bundeshauptstadt rühmen, mit der Wiener Küche über eine einzige weltweit bekannte Kochkunst zu verfügen, die nach einer Stadt benannt ist. Diese Sonderstellung verdankt Wien seiner früheren Rolle als Zentrum des Vielvölkerstaates der Donaumonarchie: Die verschiedenen Eßkulturen wurden in der kaiserlichen Reichshaupt- und Residenzstadt im Laufe der Zeit abgewandelt und verschmolzen zur eigenständigen und unverkennbaren Wiener Küche. Das gilt auch für die Wiener Süßspeisen. Egal ob Sachertorte oder Apfelstrudel, sie alle sind gleichsam zu internationalen Markenartikeln und Synonymen der österreichischen Donaumetropole geworden.

In den letzten Jahrzehnten hat sich darüber hinaus auch noch eine „Wiener Eiskultur" etabliert, die keine internationalen Vergleiche zu scheuen braucht. Wenn in der österreichischen Bundeshauptstadt von Eis gesprochen wird, ist eine Person unumgänglich - nämlich Kommerzialrat Kurt Tichy, der seine eishungrige Fangemeinde stets mit neuen Kreationen zu verwöhnen weiß. 30 Jahre ist sein „Eismarillenknödel" nunmehr alt, seit bereits 45 Jahren besteht die Firma, und dazu sei den beiden köstlich-kühlen Institutionen herzlich gratuliert.

Walter Nettig

Präsident der Wirtschaftskammer Wien

Tradition und Innovation sind die Ingredienzen, die Wien ein unvergleichbares Flair verleihen. Genau diese Mischung genießen heimische wie internationale Gäste nun bereits seit 45 Jahren im berühmten Eissalon von Komm. Rat Kurt Tichy. Der Besuch „beim Tichy" ist heute im touristischen Besuchsprogramm ebenso ein Muß wie der Stephansdom und der Heurigenabend. Der Lebenslauf von Kurt Tichy zeichnet musterhaft eine Bilderbuchkarriere, die mit einer Lehre begonnen hat. Fundiertes Fachwissen und ausgeprägter Unternehmergeist ließen Tichy nach Ablegung der Meisterprüfung mit der Eröffnung eines kleinen Eissalons im 11. Bezirk den Grundstein für den nachhaltigen Firmenerfolg legen.

Seit 1955 verbindet man den Namen Tichy mit der bereits legendären Adresse Reumannplatz 13 - eine Pilgerstätte für Eisfreunde aus aller Welt. Dem hartnäckigen Gerücht, die Wiener hätten zu wenig Erfindergeist, stellte Tichy seine berühmten Eismarillenknödel entgegen. Deren Einzigartigkeit wurde 1967 patentiert.

Neben vielen anderen verdienstvollen Tätigkeiten vertrat Komm. Rat Tichy seine Standeskollegen 40 Jahre lang als Bundesobmann seiner Berufsgruppe. Zahlreiche Auszeichnungen zeugen von den herausragenden Leistungen seiner Unternehmerpersönlichkeit. 45 Jahre Firmenjubiläum und 30 Jahre Original-Eismarillenknödel sind nur zwei der vielen Anlässe, um Komm. Rat Kurt Tichy unseren Dank auszusprechen: Dank für große Verdienste um seinen Berufsstand, die Wirtschaft insgesamt, das internationale Ansehen Wiens - und um unser aller Gaumen.

70
EIG. ERZEUGUNG
Gefro

.Das Ehepaar Tichy vor seinem 1952 eröffneten ersten Lokal in der Kopalgasse 70 in Simmering.

Eis als Teil unserer Kultur

Es schmeckt - ganz ohne Zweifel. Ob kleine oder große Naschkatzen, das eisige Schleckvergnügen läßt Diätpläne und Kalorientabellen schnell vergessen.

1985 hat der Durchschnittsösterreicher statistisch 6,3 Liter Speiseeis verzehrt. Eis ist eine recht gesunde Sache. Schon 300 v.Chr. verschrieb der griechische Arzt Hippokrates das Eis als Medizin, weil es "die Säfte belebt und das Wohlbefinden hebt". Es enthält alle lebensnotwendigen Nähr- und Vitalstoffe, wie die Vitamine A, B1, B2, C, D, E und K sowie Kalzium, Eisen, Phosphor, Natrium, Aminosäuren, Milchfett, Kohlenhydrate und viele schöne Kalorien. Pro 100 Gramm Milchspeise- oder Fruchteis rund 130 Kalorien (etwa 540 Joule).

Das Speiseeis findet sich bereits in den Reiseaufzeichnungen Marco Polos. Er berichtet, daß die Chinesen bereits im Jahre 3000 v.Chr. mit der Herstellung von Eis vertraut waren. Auch der römische Kaiser Nero zählte zu den historischen Eisgenießern. Die Herstellung war jedoch kompliziert und aufwendig. Gletschereis und Schnee wurden auf langen, beschwerlichen Reisen von den fernen Berggipfeln per Stafettenlauf herbeigeschafft und mit Rosenwasser, Honig, Früchten und Baumharz vermischt.

1530 entdeckte man in Catania/Sizilien, daß Wasser, gemischt mit Salpeter und Salz, sich in Kühlflüssigkeit verwandelt. Schon 1602 delektierten sich die Wiener in Bartolo Bensaris Eissalon an Gefrorenem aus Fruchtpüree.

Einige Jahrzehnte später war Gefrorenes an allen europäischen Fürstenhöfen en vogue. Zu Beginn des 18. Jahrhunderts tummelten sich die Pariser in über 250 Eissalons.

1876 stellte der deutsche Ingenieur Carl von Linde in Berlin seine erste Eismaschine vor. Er gründete eine Fabrik, die auch heute noch Eismaschinen in die ganze Welt liefert.

Die Südländer sind jedoch die unbestrittenen Meister im Mixen von Zuckersirup, Fruchtpüree und anderen Geschmacksstoffen geworden. Auch Milch wurde von ihnen erstmals im Wassereis verwendet.

Den Variationen der verschiedenen Eissorten sind natürlich heute keine Grenzen mehr gesetzt. Obwohl sie von Land zu Land verschieden sind, kann doch gesagt werden, daß die Position der Eisklassiker nach wie vor unverändert ist: Erdbeer, Schokolade, Haselnuß und Vanille sind über die Jahrzehnte hinweg die klaren Favoriten.

1923 gelang dem Amerikaner Harry Brust mit seiner Erfindung "Eis am Stiel" eine Innovation, die den Umgang mit dem Speiseeis nachhaltig verändern sollte. Harry Brust war klug genug, für seine Erfindung auch gleich das Weltpatent zu erwerben. 1929 brachte die Firma Miag in Österreich den ersten Eislutscher auf den Markt. Dieser Urlutscher war noch auf einem Rundhölzchen festgefroren.

Nach dem Zweiten Weltkrieg, in den Wirtschaftswunderjahren, entwickelten sich die Fertig-Eisbomben, genau das Richtige für die Kühlschränke in den österreichischen Haushalten. Doch jeder, der gerne Eis ißt, wird sich wohl eines Tages nicht mehr mit den tiefgekühlten Haushaltspackungen zufrieden geben und frisches Eis im Eissalon genießen wollen. Qualität hat hier zwar ihren Preis, doch diese hohen Ansprüche, verbunden mit naturfrischen Zutaten, ergeben ein Produkt, das den jährlichen, ja täglichen Ansturm der Eisfans auf die Eissalons rechtfertigt.

TICHY
EIS
AUF ZUM TICHY

„Milan"-Karikatur, 1966

Komm.-Rat Kurt Tichy

Sternzeichen Löwe, Vater Eisenbahner

Seine Zuckerbäckerlehre absolvierte Kurt Tichy beim "Gerstner", zweifellos eine renommierte Adresse und ein gutes Omen für das kommende Berufsleben. Um seinen Erfolg wird er beneidet, der Weg dorthin war aber alles andere als ein Zuckerschlecken. Dabei wollte er am Anfang seiner Karriere mit Torten, Krapfen, Keksen und Schokolade sein Brot verdienen. Der Herr Kommerzialrat ist stolz auf seine Lehre beim "Gerstner". "Da haben wir alles gelernt, was man in unserem Beruf nur können kann. Vom Zuckerl bis zu den Torten. Und beim Gerstner haben uns Persönlichkeiten das Handwerk beigebracht, die es selber seit Jahrzehnten beherrschten." Dann kamen Krieg und Arbeitsdienst. Nach seiner Rückkehr aus der Kriegsgefangenschaft ging er für ein Jahr in die Schweiz und arbeitete dort in einer Konditorei, in der er 80 kg schwere Säcke in den 2. Stock schleppte. Danach kehrte er wieder zum "Gerstner" zurück. Der Eisenbahnersohn Tichy erwarb im Souterrain der Kopalgasse, nicht gerade ein helles Gewölbe, ein Lokal um 3.000 Schilling, eine Unsumme für jemanden, der nur 600 Schilling im Monat verdiente. Es bot Platz für vier Tische und sechzehn Sitzplätze. Drei Vorgänger hatten hier schon Pleite gemacht, doch Kurt Tichy war optimistisch. Er investierte für diesen Schritt in die unternehmerische Unabhängigkeit seine gesamten Ersparnisse. Er sparte eisern, und nach einem Jahr konnte der erste "Tichy" eröffnen, mit einem Angebot von vier bis fünf Eissorten: Zitrone, Vanille, Schokolade, Erdbeer und fallweise Haselnuß.

1952 kaufte er sich eine Speiseeismaschine und begann mit einem Anfangskapital von 1.500 Schilling. Herr und Frau Tichy fuhren mit einem klassischen Eisverkäufer-Dreirad - die Glocke in der Hand - durch die Simmeringer Haide und versorgten die 600 Gemüsegärtner in der heißen Jahreszeit mit ihrem köstlichen Eis. "Eine Schinderei war das im ersten Jahr", erinnert sich Kurt Tichy.

"Ich hatte eine Kiste, die noch mit einem Gemisch von Eis und Salz gekühlt wurde und unbeladen rund hundert Kilo schwer war." Das Speiseeis war - wie sich rasch herumsprach - von ausgezeichneter Qualität, und die Tichys waren bei ihren Portionen auch nicht neidig. Kurt Tichys Stamm- und Laufkundschaft wuchs rasch an. Er hatte ein eigenes, kleines Labor, um Rezepturen und überliefertes Material gleich ausprobieren zu können. Nicht nur das Gesetz, auch er selbst stellte an seine Produkte höchste Ansprüche bezüglich Qualität und Zutaten. "Finanzielle Unterstützung gab es - zum Unterschied von heute - keine. Ich hatte damals kein Geld, dafür aber den Willen, alle Probleme durch Fleiß und Energie zu überwinden." Hilfe fand er bei seiner Frau Marianne: "Sie kennen doch den Spruch: Hinter einem erfolgreichen Mann steht immer eine Frau. In meinem Fall war sie aber immer neben mir." Bis heute hat sich daran nichts geändert.

1955 war es dann soweit. Er eröffnete seinen Eissalon am Reumannplatz gemeinsam mit seiner Frau - seinem "besten Stück", wie er gerne betont. Jetzt konnte er seiner unternehmerischen Kreativität jede Saison freien Lauf lassen, und sein Weg führte ihn die kommenden Jahre stetig auf der Erfolgsleiter nach oben. Bereits 1958 konnte Kurt Tichy seinen Kunden die Eiskarte mit den ersten zehn selbstkomponierten Eisspezialitäten offerieren. 1962 war sein Eissalon bereits das größte Geschäft am Platz. Der endgültige Durchbruch gelang Kurt Tichy im Jahre 1967. Eine unternehmerische und kulinarische Sternstunde war seine Kreation der "Eismarillenknödel", die sich als Verkaufsschlager erwiesen. Dieses unglaublich kreative Produkt ermöglichte ihm den Schritt in die gehobene Gastronomie, eroberte ihm in weiterer Folge den österreichischen Markt und bildete ein Exportprodukt erster Güte. Die "Eismarillenknödel" werden als patentwürdig befunden. Der wachsende Erfolg und der jährlich ansteigende Strom der Kunden führt dazu, daß Teile der Produktion ins Nebengebäude verlagert werden. Der "Tichy" beginnt die umfassendste Erweiterung und Reorganisation seines Betriebes mit modernsten Mitteln.

1974 wird Kurt Tichy für seine Leistungen der Titel Kommerzialrat verliehen. 1976 erhält der Eissalon Tichy das Österreichische Staatswappen.

1977 wird der Eissalon am Reumannplatz durch einen "Eis-garten" ergänzt und Kurt Tichy junior, frischgebackener Absolvent der Wiener Gastgewerbefachschule, tritt in die Firma ein.
1985 kommt zum "klassischen" Eissalon Tichy das erlesene "Palais de Glace" hinzu. Am 15. August 1985 erhält Komm. Rat Kurt Tichy das Goldene Verdienstzeichen des Landes Wien.

1992 wird der - mittlerweile seit 15 Jahren für die Produktion verantwortlich   Kurt Tichy junior Geschäftsführer. Als Obmann der Berufsgruppe der Eissalons im Rahmen der Gastronomie setzt Kurt Tichy neue Qualitätsmaßstäbe in einer Zeit der Stagnation und des Rückgangs und ermöglicht den gewerblichen Eiserzeugern, mit der Eisindustrie erfolgreich in Konkurrenz zu treten. Die gesamte Branche kann sich in den folgenden Jahren auf einem anwachsenden Markt einen größeren Anteil sichern. Kurt Tichys Engagement und seiner Kreativität ist es auch zu verdanken, den Eiserzeugern den hohen Stellenwert individueller und qualitätvoller Werbung bewußt gemacht zu haben. Anläßlich seines 60. Geburtstages erhält der Jubilar für seine Leistungen den Ehrenring des "Clubs der Wiener Gastwirte". Bei seinem Eis legt er Wert auf die natürliche Qualität seiner Zutaten, und auch bei seinen Fruchteissorten liegt der Fruchtanteil bei 50 %. "Ich lehne Essenzen und fremde Fette ab - ich produziere bewußt hohe Qualität und verwende ausschließlich Naturprodukte, also Vollmilch, Butter, frische Früchte und Obers. Ich verarbeite im Jahr etwa 100.000 kg Früchte (in einem eigens errichteten Kühlhaus), 260.000 l Vollmilch, 15.000 l Obers, 35.000 kg Butter und 25.000 l Joghurt."

Heute betreibt Kurt Tichy an seinem Standort Reumannplatz in Wien den größten gewerblichen Eissalon-Betrieb Europas. Er hat insgesamt 260 Sitzplätze (einschließlich des im Jugendstil prangenden „Palais de Glace“) und verkauft in 150 Abnehmerbetrieben. Nicht ganz 50 % Prozent seiner Kunden kommen aus dem eigenen Bezirk Favoriten. Viele Niederösterreicher und Burgenländer nützen ihren Einkauf in der Fußgängerzone für einen Besuch des Eissalons. Durch den U-Bahn-Betrieb hat sich einiges verändert: Kamen früher etwa 60 % mit dem eigenen Auto, so sind es jetzt etwa 30 %. 22 % benutzen die U1, 20 % andere öffentliche Verkehrsmittel, und weitere 20 % kommen zu Fuß.

Tichys Eismarillenknödel rollen inzwischen in die ganze Welt - hauptsächlich aber zu den deutschen Nachbarn (München).
In seinem kühlen Palast in Wiens Arbeiterbezirk stehen derzeit rund 20 täglich wechselnde Eissorten zur Auswahl. "Ich brauche 35 Tonnen Erdbeeren, 25 Tonnen Marillen (knödelhalber), 10 Tonnen Pfirsiche, alles frisch, alles beste Qualität." Kurt Tichy beschäftigt 67 Mitarbeiter, die in knapp sechseinhalb Saisonmonaten rund 60 Millionen Schilling "erstreichen" - um beim Fachjargon zu bleiben. Mit rund 10.000 Portionen pro Tag - an Sonn- und Feiertagen bis zu 15.000 (!) - hält Kurt Tichy derzeit den Weltrekord. Von seinen Angestellten wird dem Geschäftsmann, wie er selbst sagt, große Anerkennung entgegengebracht. "Ich biete ihnen dafür schlechte Arbeitszeiten bei guter Bezahlung, perfektem Teamwork und gutem Betriebsklima."

Kurt Tichy, der - wie er selbst meint - fast das Maximum erreicht hat, hat sich schon als Jungunternehmer vorgenommen: "Wenn ich alt bin, möchte ich selbst nicht mehr streichen - die Leute wollen von der Jugend bedient werden.“

Frau Tichy mit dem ersten „Eiswagerl“, das noch mit zerstoßenem Blockeis und Salz betrieben wurde

Fünf Stufen führten zu den kühlen Köstlichkeiten des ersten „Tichy“ in Simmering hinab.

1954 wurde das „Urwagerl“ der Tichys von einem moderneren abgelöst, das schon auf Thermos-Basis mit Trockeneis funktionierte

Frau Tichy (2.v.l.) mit Angestellten 1956 im gerade eröffneten Eissalon am Reumannplatz 13 in Favoriten

Die „Eisfrau" und eines der vielen „Schleckermäuler" in der Simmeringer Frühzeit

Innenansicht des Eissalons Tichy aus dem Jahr 1955

Innenansicht des Eissalons Tichy aus den 60er-Jahren

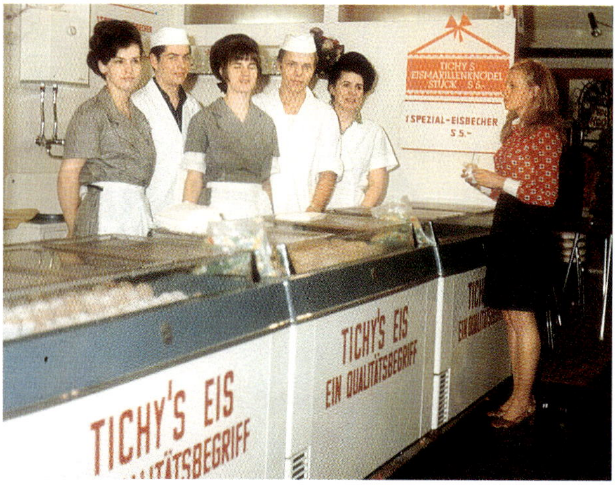

Frau Tichy (rechts, hinter den Truhen stehend) mit Angestellten auf der Wiener Messe 1967

Werbung mit „Schmäh" nach „Spitzbuben"-Art: „Vom Tichy Eismarillenknödeln essen selbst größte Fetzenschädeln".

Gedränge beim legendären „Frei-Eis" am letzten Tag der Saison (1966)

Verleihung des Österreichischen Staatswappens an Kurt Tichy durch Wirtschaftsminister Josef Staribacher 1976

Eröffnung des von Kurt Tichy für Favoriten gestifteten Muhr-Brunnens am Reumannplatz durch Bürgermeister Dr. Helmut Zilk 1991

Werbeaktion für die österreichischen Bundesbahnen mit Gewista-Direktor Komm. Rat Hanke (li.), Verkehrsminister Übleis (Mitte) und Kurt Tichy, der dafür den „Rabbit-Coup" aus Karotteneis erfand

Komm. Rat Kurt Tichy mit Angestellten

Tichys „Ostarrichi-Coup" 1996: die süßeste Art, ein Jubiläum zu begehen

Tichy-Eiskreation Coup „Butterfly"

Plakataktion Mitte der 80er-Jahre

Eva-Maria Milde im Gespräch mit Komm. Rat Kurt Tichy

Seine Vorliebe fürs gute Essen hat in ihm schon in seiner Jugend den Ehrgeiz erweckt, für die Wiener Leckermäulchen Speiseeis vom Allerfeinsten zu erzeugen. So hat es mich auch keinen Augenblick gewundert, daß sich Komm. Rat Kurt Tichy ein gemütliches, kleines, italienisches Restaurant für unsere Plaudereien ausgesucht hat. Es war ein unvergeßlicher Nachmittag für mich. Selten hat man das Glück, einen so ausgeglichenen, glücklichen Menschen als Gesprächspartner zu haben. Seine gütige Stimme, seine so natürliche Fröhlichkeit und der unwiderstehliche Charme, die verschmitzt strahlenden Augen, die noch den "Spitzbub" im Manne verraten - dies alles übertrug sich in positiven Schwingungen, und plötzlich waren wir auf einer "Wellenlänge".

Familie Tichy im Salon de Glace

War es eigentlich schon immer Ihr Wunsch, daß Sie einmal einen Eissalon betreiben, oder ist das spontan entstanden?

Nein, das ist aus Not entstanden. Zuckerbäcker zu sein, war mein Wunsch. So habe ich beim Gerstner mit 14 Jahren angefangen und bin dann bis zum Einrücken zum Militär dort geblieben.
Nach dem Militär war ich wieder beim Gerstner, dann in der Schweiz und wieder beim Gerstner, das waren insgesamt 8 Jahre. In meinem Innersten wuchs der Wunsch, mich selbständig zu machen.
Dieses Ziel hatte ich aber schon mit 14 Jahren. Meine Schwester sagt heute noch: "Du hast genau gewußt, was du willst. Sogar die Gegend und das Eck!"
Es stimmt, ich wollte immer an die Ecke Quellenstraße/ Favoritenstraße. Dort war eine Wirtin, der bin ich die Tür eingelaufen, doch sie sagte immer: "Nein, Gastgewerbe kommt mir keines hinein!" Sie hat das Lokal dann dem Palmers gegeben, und ich habe dort in der Gegend weiter gesucht und bin so auf den Reumannplatz gekommen. Er war nicht nur sehr günstig. Ich kannte ihn auch, weil ich ja ein Favoritner bin.
Dieser Standort hat damals eigentlich nicht entsprochen. Es gab einen Nachbarn, der sagte: "Tichy, da setzt du dich aufs Eis!" Der Reumannplatz war so ruhig, daß man am Abend eine Nadel fallenlassen konnte, und Sie haben es gehört. Damals war da nur ein Park und am Abend überhaupt nichts los.
Ich bin dann vor dem Geschäft gestanden und habe beobachtet, wie drüben auf der Favoritenstraße viele Leute gehen. Dann dachte ich, daß, wenn sie alle zu uns herüberkämen, meine Frau und ich gemeinsam im Geschäft sein könnten. In unserem alten Lokal in Simmering war ja immer nur einer von uns. Der andere war auf der Fahrt, auf der Tour mit dem Wagerl.
Ja, meine Frau ist auch mit dem Wagerl gefahren!

TICHY
EIS AM REUMANNPLATZ

Wir haben das Geschäft gebaut und mit Feuereifer angefangen. Im ersten Jahr haben wir ungefähr 38.000 Schilling Umsatz gehabt.
Das war damals wirklich nicht viel. Naja, dann bin ich eben arbeiten gegangen, am Freitag war die Saison aus, und am Samstag war ich schon beim Gerstner. Es kann sich heute keiner mehr vorstellen, was da für ein Idealismus und Fleiß dahintergestanden sind.

Vom Zuckerbäcker beim Gerstner zum Eis-Tichy in Simmering. Wie erlebten Sie den Sprung in die Selbständigkeit?

Wir haben in Simmering angefangen, meine Frau im schwarzen Kleid mit weißem Kragerl wie beim Demel. Kennen Sie das Simmeringer Geschäft im Keller unten? Das letzte Geschäft bevor Sie auf die Haide kommen, in der Kopalgasse. Es steht noch, ist heute grün gestrichen. Wir haben es komplett neu hergerichtet. Vor uns sind drei Leute, also drei Besitzer, zugrunde gegangen.
Der alte Gerstner hat gesagt, mein Gott, der Kurtl hat ein Geschäft gekauft, eine Katastrophe. Das Geschäft hab ich gekauft mit 1500 Schilling in bar und einem Pelzmantel, den ich meiner Frau zu Weihnachten geschenkt habe. Den hab ich ihr im Februar wieder weggenommen und habe ihn als Zahlung gegeben.
Ja wirklich, und ich meine, das sind Sachen, das versteht heute keiner mehr. Eine andere Frau hätte mich erschlagen (lacht herzlich) oder den Pelzmantel nicht mehr hergegeben.
So haben wir in Simmering angefangen, und es war eigentlich eine schöne Zeit, die ich nicht missen möchte. Ich bin mit meinem Wagerl gefahren und habe dabei viele Menschen kennengelernt. Jeder hatte eben seine eigene Meinung über das Eis. Das ist eine unheimliche Lehre, wenn Sie mit so einem Wagerl fahren. In meinem ersten Jahr hab ich z.B. den Mautner kennengelernt.

TICHY
EIS AM REUMANNPLATZ

Der ist immer mit dem Dackel spazierengegangen. Damals hatte ich noch ein einfaches Wagerl. Drinnen war, in Eis eingesetzt, ein Schaffel, Eis drin, zwei Dosen mit 8 Liter, und drüber war ein Deckel. Das war mein erstes Wagerl. Der Mautner fragte: "Was ist denn das da drin?" Obwohl es mit „Speiseeis“ beschriftet war. Sagte ich: "Na Eis." Sagte er: "Na kann man das essen?" Sagte ich: "Na hören Sie, das ist besser wie beim Gerstner!" Das war der Mautner, der mit der Brauerei nach Südamerika gegangen ist. Also, ich möchte Simmering auch nicht missen.
Es war eine schöne Zeit, ich war jung, ein Idealist. Wir sind in der Nacht heimgegangen, von Simmering zu Fuß über den Gürtel hinüber auf die Wieden, weil die letzte Straßenbahn schon fort war. Also ich glaube, den Idealismus hat heute fast niemand mehr. Dann ist es halt in Favoriten weitergegangen. Kein Mensch hat geglaubt, daß das Eisgeschäft dort etwas wird. Es hat ein paar Jahre gedauert, bis wir es in der Hand gehabt haben - und dann waren wir im Nu, also nach 10, 12, 14 Jahren, der größte Eissalon Österreichs.
Durchgesetzt haben wir uns mit Qualität und großzügigen Portionen. Das ist es auch, was ich meinem Sohn immer sage: Nicht nur in der Qualität immer Spitze bleiben, auch angemessene Preise und großzügige Portionen.

Wie sah Ihre Familie damals Ihren Eissalon-Start?

Meine Frau stammt von der Wieden, aus einem gutbürgerlichen Haus. Ihr Großvater betrieb eine Bauspenglerei und hatte einen Leitsatz: "Gehe nie über das Viertel (gemeint ist die "Wieden") hinaus!" - Nicht die Tatsache, daß ich ein Zuckerbäcker war, hat ihn gestört, sondern, daß wir in Favoriten waren!
Favoriten hat einen unheimlich schlechten Ruf gehabt. Einmal, als im Messepalast noch die Messe war, kam dort

EIS AM REUMANNPLATZ

eine Dame im Persianer und sagte: "Wo bekomme ich diese Eismarillenknödel?" Hab ich gesagt: "Am Reumannplatz in Favoriten!" Wissen Sie, was sie verstanden hat? "Am Räuberplatz." (lacht). Das war früher für die Leute Favoriten. Der Bezirk war arm, es war ein reiner Arbeiterbezirk, damals herrschte eine wahnsinnige Arbeitslosigkeit und Armut. Ich habe als 10-jähriger noch ein Stück von dieser Zeit erlebt. Da war der Platz schwarz von ausgesteuerten Leuten. Ganze Fußballmannschaften haben sie gegründet. Es war eine traurige Zeit.

Sie haben von Beginn an das Eisgeschäft mit Ihrer Gattin aufgebaut, die Kinder sind mit dem und im Geschäft aufgewachsen. Keine einfache Zeit!

Ja, das stimmt. Aber nur so kommt der Erfolg. Man muß aber dann auch den Erfolg genießen. Jetzt bin ich schon so weit. Da brauchen Sie nur unsere Mutti fragen. Früher sind die Kinder rausgelaufen ins Geschäft, als sie klein waren. Wir haben gleich hinter dem Lokal gewohnt. Meine Frau hat wirklich viel geleistet. Die heutigen Frauen bringen das kaum mehr zusammen, ich schwör Ihnen das. Bei uns ist das Familiäre „mitgelaufen", das war alles integriert. Die Kinder waren immer in unserer Nähe.
Natürlich gab es Nachteile, die mir heute noch leid tun. Wir konnten z.B. mit ihnen nicht fortgehen, da haben wir ein Mädchen geschickt. Aber der Kontakt war immer da, und das ist ja auch wichtig. Daß man sie nicht woanders hingibt. Kinder sind das Schönste, was es gibt. Kein Haus oder Geschäft oder was auch immer ist so schön wie ein Kind. Das Kind ist das, was von uns weiterlebt. Bleiben wir ehrlich, so ist es einmal! Wir haben erst relativ spät die Kinder bekommen, also wir waren schon sieben Jahre verheiratet. Es waren beides Wunschkinder und wir nicht mehr ganz jung. Beim

TICHY
GGK
EIS AM REUMANNPLATZ

Sohn war meine Frau schon 32. Wenn ich ehrlich bin, wenn ich mir das heute überlegen könnte, hätte ich vier Kinder, nicht zwei. Aber ich habe mit meinen zwei Kindern große Freude und sehe, wie die Liebe zurückkommt, wie sie an ihrer Mutter hängen. Natürlich, ich habe für das Geld gesorgt. Unsere Mutter aber hat ihnen wirklich viel Liebe geschenkt. So kann das nur eine Frau! Ein Mann kann es schon auch, ich habe meine Kinder sehr gern. Aber eine Frau kann es anders, sie erbt dann auch mehr Liebe. Ein Phänomen allerdings konnten wir beobachten:
Bin ich einmal nicht hier, fragt meine Tochter als erstes: "Wo ist der Papa?" Das ist ein typisches Tochter-Vater-Verhältnis, das paßt immer zusammen, das können Sie beobachten. Der Sohn hat mehr Kontakt zur Mama aufgebaut, ist mit seinen Sorgen immer zuerst zu ihr gegangen. Ist das nicht interessant?

Was bedeutet Österreich für Sie?

Österreich? Eigentlich für mich das schönste Land. Ich könnte mir gar nicht vorstellen, woanders zu leben. Ich bin so verwurzelt hier, also in Favoriten, dann kommt die Kärntner Straße, der Graben und der Kohlmarkt. Ich lebe gerne in Wien.

Gibt es etwas, was Sie an Österreich stört und was Sie ändern würden?

Na, manchmal ärgert mich die Mentalität vielleicht ein bißl, daß man alles zu langsam macht, aber eigentlich ist die Gemütlichkeit ja wieder das Schöne. Ich wüßte eigentlich im Grunde nichts, von dem ich sagen könnte, das stört mich. Ich bin zufrieden.

TICHY
EIS AM REUMANNPLATZ

Sind Sie ein gläubiger Mensch?

Ich bin ein sehr gläubiger Mensch, was nicht heißt, daß ich in die Messe gehe. Aber ich glaube daran, daß, wenn man sich unkorrekt benimmt, einem das irgendwann einmal auf den Kopf fällt. Das ist vielleicht das, was ich unter Gläubigkeit verstehe.

Gibt es etwas, das Sie sehr wütend macht?

Naja, wütend. Wenn man älter wird, wird man nicht mehr so schnell wütend. In meiner Jugend war ich viel emotionaler. Sehr wütend, mein Gott. Ich kann dazu eigentlich nichts sagen. In der Familie ist alles in Ordnung, auch im Geschäft. Warum sollte man also wütend werden? Vielleicht bin ich schon zu abgeklärt. Habe ich schon zu viel erlebt.

Worüber können Sie am meisten lachen?

Über gute Witze, wie sie z.B. der Muliar erzählt. Im Winter, wenn wir Zeit haben, gehe ich mit meiner Frau auch gern ins Cabaret „Simpl" und in die Volksoper, oder wir schauen uns eine Komödie in den „Kammerspielen" an. Am besten amüsieren wir uns mit der großartigen Elfriede Ott.

Sind Sie ein Tierfreund?

Ja, wir hatten immer Hunde. Jetzt haben wir nur noch unsere Katze, die schon 17 Jahre alt ist. Und außerdem 6 sogenannte „Gastkatzen". Die kommen einfach vorbei, wenn sie Hunger haben.

EIS AM REUMANNPLATZ

Wie entspannen Sie sich?

Beim Angeln. Oder wenn ich mit meiner Frau durch die Stadt gehe. Das ist für uns eigentlich - ich will nicht sagen ein Geschenk, aber der Ausgleich für das, was wir früher versäumt haben. Wir versuchen, es jetzt doppelt zu genießen, wenn wir so durch die Kärntnerstraße marschieren und uns die Geschäfte anschauen. Ich gehe zu den Zuckerbäckern, und sie geht jetzt immer Kindersachen einkaufen, weil wir voriges Jahr ein Enkelkind bekommen haben.

Was würde Ihnen am meisten fehlen?

Na sicher meine Frau, meine Kinder - die Familie. Das würde mir am meisten wehtun und am meisten fehlen. Sonst glaube ich, ohne daß ich diese Bescheidenheit heraussheben möchte, in der Bescheidenheit liegt das Glück. Der, der unzufrieden ist, wird immer unzufrieden sein, weil er immer einen sieht, der größer ist oder besser ist oder vielleicht schöner ausschaut. Der, der zufrieden ist, ist meines Erachtens am besten dran. Eigentlich ist das bei mir so. Ich wüßte wirklich nicht, was ich ändern müßte, daß ich zufriedener wäre oder glücklicher.

Gibt es einen Lebensabschnitt, den Sie gerne noch einmal erleben würden?

Naja, wenn man alt ist, möchte man auf jeden Fall die Jugend noch einmal erleben. Aber meine Frau und ich haben trotz dieser vielen Arbeit ein so reiches und auch erfolgreiches und schönes Leben gehabt. Man muß auf Holz klopfen, denn vor ganz schweren Schicksalsschlägen sind wir bewahrt worden. Ich bin dem Herrgott dankbar, daß ich gesund bin und so lange arbeiten kann.

TICHY
GGK
EIS AM REUMANNPLATZ

Wenn Sie zurückdenken, würden Sie sagen, da würde ich einen anderen Weg einschlagen und irgendwas anders machen?

Das kann ich gar nicht sagen. Das war das Leben und so war es. Was sollte ich anders machen? Ich kann mich gar nicht beklagen. Ich habe gesunde, brave Kinder und eine liebevolle Frau, ich könnte mir keine bessere wünschen. Dann habe ich ein Enkerl. Ich kann mir gar nichts Schöneres vorstellen.
Vielleicht eines, ja, eines würde ich doch ein bißl anders machen - das ist aber fast nicht möglich in einem Geschäft, das man aufbaut. Daß man sich mehr den Kindern widmet. Ich meine, sie waren immer bei uns, aber z.B. bin ich nie mit ihnen im Sommer baden gegangen, was ich mir heute oft denke. Wir haben eine Badehütte an einem Teich, und ich war nie mit ihnen im Wasser!
Also das sind oft Sachen, die ich gerne ändern würde. Aber sonst, an und für sich, wüßte ich gar nicht, was ich versäumt hätte.

Worauf sind Sie am meisten stolz?

Stolz ist so eine Sache. Stolz, mein Gott, stolz bin ich z.B., daß meine Tochter die erste Akademikerin im Familienclan ist und auch, daß sich mein Sohn so hervorragend entwickelt hat.
Also bei mir spielt das alles eine große Rolle, ich bin eben ein Familienmensch. Geld ist angenehm, aber für mich war es nie das Entscheidende. Es war immer alles auf die Familie ausgerichtet. Ich weiß nicht, ob es Ihnen so geht. Ich habe mir jahrelang gedacht: "Gott behüte, wenn da was passiert! Sind die alle abgesichert halbwegs?" Und das ist mir gelungen. So vor 15 Jahren habe ich mir gedacht: "Jetzt paßt es!" Das hat mich interessanterweise immer beschäftigt.

EIS AM REUMANNPLATZ

Gibt es eine Erinnerung an Ihre Kindheit, an die Sie heute noch gerne zurückdenken?

Meine Kindheit?

Etwas, wovon Sie sagen, es hat Sie geprägt.

Ja, das ist sicher der Gemeindebau. Der Gemeindebau, wie er früher war, prägt ein Kind. Heute ist es nicht mehr dasselbe. Aber in dieser Zeit, da war ich 10 Jahre alt, also so um 1935, prägte ein Gemeindebau noch ein Kind. Sie müssen sich vorstellen, da waren so an die 30, 40 Burschen.
Da mußte sich jeder einzelne durchsetzen.
Ich denke mir oft, dieses Durchsetzungsvermögen, sich zu behaupten, hat man dort gelernt. Weil, wie gesagt, der, der sich nicht durchsetzen konnte, der hat eine auf den Schädel gekriegt, auf deutsch gesagt.
Ich glaube schon, daß mich das geformt hat und auch die soziale Einstellung in dieser Zeit, in der die Arbeitslosigkeit gewachsen ist. Mir wird immer ein Bild vor Augen bleiben, das mich damals ängstlich machte: 1935-37 hat es südlich der Troststraße eine riesige Wiese gegeben, die schwarz war vor Menschen - alles Arbeitslose. Von Favoriten bin ich geprägt worden, das stimmt schon. Aber dadurch, daß ich meine Lehrzeit beim Gerstner verbracht habe, sind andere Einflüsse dazugekommen.

An welche Einflüsse denken Sie dabei?

Das begann schon mit dem Benehmen. In der Kärntner Straße haben wir uns eben anders benehmen müssen als draußen im Gemeindebau. Die Zeit haben Sie nicht erlebt, das wird für Sie ein bißl fremd sein.

TICHY
GGK
EIS AM REUMANNPLATZ

Das hat uns wirklich geprägt. Das ist es auch, meine ich, warum wir nach dem Krieg so aufgebaut haben - weil wir eine härtere Generation sind. Wenn die heutige Jugend so von Grund auf aufbauen müßte, die würde das nicht leicht packen! Das ist schon so!

Wurde Ihnen öfters schon ein Anbot gemacht?

Ja, ja, von einem großen Konzern und einmal von den Japanern. Aber ich würde nicht verkaufen. Das ist so, wie wenn ich mein Herz herausschneiden würde. Das würde ich nicht machen. So viel kann keiner zahlen. Es geht im Leben nicht nur ums Geld. Man hat mit Herz und Seele aufgebaut, ein Stück des Lebens ginge damit verloren, das würde ich niemals tun! Ich habe auch meinem Sohn gesagt: "Laß dich nie wegen des Geldes überreden! Wenn du hier glücklich bist, dann ist das das Entscheidende im Leben!" Diese Gewissensfragen muß man sich immer stellen. Wo bin ich glücklich, was suche ich mir für eine Lebensart. Bin ich mit meinen Fischen glücklich oder will ich in eine Bar gehen. Letzteres sagt mir z.B. gar nichts mehr. Früher bin ich schon manchmal von einer Bar zur anderen gezogen. Daran denke ich zwar gerne, das war auch gut damals, doch heute zählen für mich andere Werte. Ich bin ein Familienmensch, ich habe meine Familie, mein Enkerl, meinen Sohn, die Tochter und eine liebe Schwiegertochter, das wiegt bei uns mehr. Das will ich nie verlieren, das ist der Inhalt meines Lebens.

Was möchten Sie Ihren Kindern und dem Enkerl ans Herz legen?

Naja, meine Kinder - ihr Weg ist vorgezeichnet. Meine Tochter ist Historikerin, mein Sohn führt das Geschäft weiter. Beim Enkerl hat man mich schon gefragt, was ich

TICHY
GGK
EIS AM REUMANNPLATZ

ihr für einen Beruf empfehlen würde. Alle waren der Meinung, ich sag: "Na, die wird einmal Eiserzeugerin! Weil sie ja Xenia heißt, die Gastgeberin." Doch ich hab gesagt: "Nein, eigentlich nicht." Ich würde mir wünschen, daß einer in der Familie - ich hätte es ja auch bei meinem Sohn ganz gerne gesehen - ein Jurist ist. Wenn ich ehrlich bin, gerade für eine Frau ist dieser Beruf eine große Chance.
Also wenn es ginge, würde ich mein Enkerl gern als Juristin sehen. Es ist sehr wichtig, daß das Geschaffene gut verwaltet wird, und Juristen braucht man immer! Heute können Sie Verträge machen, die gelten dann nicht, dann müssen Sie sich streiten. Das wissen wir ja. Sie sind ja auch im Geschäft. Das war früher anders. Ich war das nicht gewohnt. Wenn ich Ja gesagt habe, dann war es Ja, wenn Nein, dann war es Nein.
Früher hat man Geschäfte mit Handschlag abgeschlossen. Das hat sich leider Gottes, muß man sagen, alles gewandelt. Heute können Sie ja nichts mehr ohne Kostenvoranschlag machen. Das ist eigentlich häßlich, das heutige Geschäftsleben, es ist nicht mehr so schön, wie es damals war, nicht?
Da mag man über das Bürgerliche streiten, wie man will, aber ich meine - der Großvater meiner Frau war der typische Bürger. Diese Menschen hätten sich geniert, wenn sie eine „Linke“ gemacht hätten. Das ist heute nicht mehr so. Mancher gilt noch als clever, wenn er eine „Linke“ macht. Für mich ist das nicht clever!

Gibt es einen Wunsch, den Sie an Ihre Kunden haben, an Ihre Eisliebhaber?

Oh ja! Da hab ich einen großen Wunsch und auch eine Sorge, und zwar: Wenn man sich heute die Eßkultur anschaut, dann fürchte ich um den guten Geschmack der Leute, daß sie sich ein Eis nur mehr „kalt“ und mit einem Kunstaroma vorstellen können, mit einer schönen

TICHY
GGK
EIS AM REUMANNPLATZ

Farbe. Sie vergessen die Natur und das Natürliche! Mir ist da folgendes passiert: Ich mache wirklich eine tadellose Schokosauce, so aus Obers und Kakaomasse.
Da hat mich einmal ein Herr zu sich an den Tisch rufen lassen und gesagt: "Das ist aber keine Schokoladesauce!" Und wissen Sie, was er wollte? Er wollte einen Magerkakao mit einem Läuterzucker und mit Vanille, eine Fertigsauce, wie man sie heute in diesen Flascherln kriegt. Die ist wohl schwarz, schmeckt aber fürchterlich. Man sieht, wie die Eßkultur schon zurückgegangen ist. Ich fürchte da diese Massenabspeisungen - ich will jetzt keinen Namen nennen - aber ich meine, jeder kennt die großen Konzerne und das Essen, das da rauskommt. Diese Konzerne haben ihre Funktion, aber die wirkliche Eßkultur geht eigentlich verloren. Man findet sie dann nur noch in Spitzenrestaurants, und sonst ist nichts dazwischen. Das ist die Gefahr, nicht?
Also, wenn ich ehrlich bin, denke ich mir immer, da müßte man bei den Kindern einhaken. Die Zukunft ist bei den Kindern. Wer einmal im Supermarkt ist, ist schwer in den Eissalon zurückzuholen.

Es geht ja sehr viel auch um Ihre große Erfindung, die Eismarillenknödel. Was war eigentlich die Idee, diese zu erfinden?

Naja, ich habe viel probiert. Ich habe viele Eisspezialitäten versucht, die Knödel waren sozusagen der Gag. Wir haben debattiert, wir haben beim Gerstner in der Lehrzeit Würstel aus Eis und alles mögliche gemacht. Wir hatten Kästen voll mit Formen, also da gab es alles, sogar das Riesenrad.
Ich habe Fische, Krebse, Früchte aus Eis gemacht. Ich habe immer sehr viel gebastelt. Ich war ja z.B. der erste, der mit Spezialitäten angefangen hat, obwohl ich da noch nicht so erfolgreich war.

TICHY
GGK
EIS AM REUMANNPLATZ

Ich habe angefangen mit Birne Helene, Pfirsich Melba und Fruchtcocktail. 4,50 Schilling hat die Pfirsich Melba damals gekostet. Ich habe das Obers mit der Hand geschlagen und bin nicht nachgekommen, so sehr hat es den Leuten geschmeckt.

Wann war das ungefähr?

Das muß ungefähr 1956 gewesen sein. Dann bin ich mit weiteren Spezialitäten nachgezogen, die ebenfalls großen Anklang gefunden haben.
1967 kam dann das Eismarillenknödel. Das war damals einfach eine Sensation. Es war eigentlich nur ein Ergebnis einer Spielerei. Ich habe immer herumgetüftelt und spiele mich auch heute noch.
Seit Jahren beschäftige ich mich mit einem Eis, das es noch nicht gibt, das es aber bald geben wird. Ich werde es wieder spielerisch zusammenbringen. Ich habe schon eine spezielle Maschine gefunden, mit der ich es machen werde. Es ist noch nicht ganz so, wie ich es will, aber es fehlt nicht mehr viel. Ich meine, ich spiele mich immer, nicht wegen des Geldes, sondern aus fachlichem Interesse, aus Liebe eigentlich.
Den Satz müssen Sie schreiben, er fällt mir jetzt ein, wenn ich „fachlich" sage. Meine Tochter sagt immer: „Dein Geschäft ist wie eine Eisenbahn. Und du kaufst dir jedes Jahr einen Waggon dazu!" Nicht? Ja, das glaube ich auch, meine Tochter hat recht! Das ist auch ein Grund, warum ich mir nicht so schwer getan habe: Es hat mir immer Spaß gemacht, meine Arbeit war wie ein Hobby für mich.
Außer der Anglerei ist das Geschäft ja wirklich mein Hobby. Ich habe drei Lebens-Schwerpunkte: die Familie, die Anglerei und das Geschäft. Das ist also meine „Eisenbahn".

TICHY
GGK
EIS AM REUMANNPLATZ

Warum ist Ihr Eis so gut?

Das, was man ins Eis hineingibt, das bekommt man auch: also die besten Produkte, das Ei muß das beste und frischeste sein, die Früchte sind frisch vom Markt oder vom Land. Ich verwende wirklich beste Qualität! Meine Früchte bekommen Sie oft gar nicht am Markt! Z.B. die Erdbeeren, die such ich mir heraus. Die Zitronen genauso.
Genau das unterscheidet uns eigentlich von den Konservenmachern. Aus Zitronengeschmack machen die "Zitroneneis", aus Erdbeergeschmack "Erdbeereis" - es gibt viele, die damit gut verdienen. Sie ersparen sich zwar Arbeit, die Qualität ist aber auch minder. Sie arbeiten ja nicht von der Frucht weg, sondern nehmen 10 dag Erdbeeren und machen daraus einen Liter Erdbeereis, ja?
Ich habe aber 55 % Früchte drinnen, also kann das nicht dasselbe sein. Mein Verbrauch an den einzelnen Zutaten geht in Tonnen, Milchprodukte verbrauchen wir pro Tag von etwa 360 Kühen. 33-35 Tonnen Haselnüsse werden in einer Saison von mir geröstet.

Warum hat der Tichy ein anderes Eis?

Da gibt es was, worauf ich stolz bin, und zwar: Seit meinem 14. Lebensjahr habe ich damit zu tun. 47 Jahre bin ich heuer Zuckerbäckermeister. Und wenn ich da nicht mehr zusammenbrächte als Leute, die einen Kurs machen und dann einen Eissalon aufsperren, hätte ich ja meinen Beruf verfehlt.
Diese jahrzehntelangen Bemühungen um Qualität, neue Sorten, neue Spezialitäten haben nicht nur feste Wurzeln geschlagen, sondern werden eben mit reichlich Lob gekrönt.

TICHY
GGK
EIS AM REUMANNPLATZ

Stundenlang könnte ich mit Komm. Rat Tichy so weiterplaudern. Seine Muße ist ansteckend: sich Zeit nehmen, den Blick auf die Uhr vermeiden, bewußt zu entspannen. Es schneit - obwohl es schon Frühling ist.

"Ist mir nicht das Wichtigste!", meint Komm. Rat Tichy. Natürlich strömen die Wiener am liebsten bei eitel Sonnenschein auf den Reumannplatz, doch eines wiederholt sich alle Jahre wieder:

Das Schönste am Frühling ist,
daß es den Tichy wieder gibt!

Und ich bin dankbar, einen so großen Menschen kennen zu dürfen. Wenn ich ihn so betrachte, fällt mir ein Gedanke von Konfuzius ein, der seinen Erfolg so untermauerte: "Ich habe drei Schätze, die ich hege und hüte: die Liebe, die Bescheidenheit und die Demut. Denn: Nur der Liebende ist mutig, nur der Bescheidene großzügig und nur der Demütige ist fähig zu herrschen." Menschen wie Komm. Rat Kurt Tichy prägen die Jugend, so wie einst der Gemeindebau im Zusammenspiel mit dem Gerstner ihn geprägt hat - eben den Tichy.

Eva-Maria Milde

AUER
Hippen
TICHY

Das 1985 eröffnete „Palais de Glace"
im Eissalon Tichy

EIS AM REUMANNPLATZ

Daß es einem Einheimischen gelingen würde, die Monopolstellung der Italiener zu durchbrechen, hätte keiner gedacht. Unumstrittener König aller Eismänner ist heute aber der Österreicher Tichy. Sein Lokal am Reumannplatz ist das Mekka aller Eisschlecker.

Focus, Juli 1977

Es gibt Leute, die würden ung'schaut tauschen, jeden heißen Kuß für ein eiskaltes Busserl: beim Tichy schmecken "Busserln" derzeit nach Schoko, Nuß oder Frucht - aber Vorsicht. Sie sind die einzigen, die mitunter nicht ohne "schwerwiegende" Folgen bleiben.

AZ, Juni 1984

Eisige Leckerbissen aus Favoriten sind inzwischen weltbekannt. Dazu zählen nicht nur Torten und Tüteneis, sondern vor allem die Eismarillenknödel, die als Nachspeise das ganze Jahr über beliebt sind.

Kronen-Zeitung, November 1985

Es gibt viele Schmuckfreunde, aber nur wenige können wirkliche Juwelen von guten Imitationen unterscheiden. Es gibt auch viele Eisfreunde. Doch in diesem Fall kann man sich auf deren G'spür verlassen. Was ein wirklicher "Eistiger" ist, der weiß fruchtige, frische Naturprodukte zu schätzen. Der schmeckt, wenn qualitativ hochwertige Zutaten verwendet werden. Der nimmt einen kleinen Umweg in Kauf, um zu "seinem" Eis zu kommen.

Presse, Schaufenster, 1985

EIS AM REUMANNPLATZ

Hier wird zwar nicht Theater gespielt, sondern Eiskompositionen werden in einer Umgebung von höchstem nostalgischen Reiz genossen. Kurt Tichy hat seinen Traum wahrgemacht: Operettenhafter Zauber beherrscht die Szene ... rosa Samt, prächtige Kristalluster und Marmor, kunstvoller Stuck und - last not least - sanftes Licht sickert tagsüber durch bunte Glasfenster an der Decke.

Bühne, Mai 1985

Dieser Eis-"Salon" - wobei das Wort "Salon" wirklich in seiner traditionellen Bedeutung verwendet wird - hat vermutlich auf der ganzen Welt kein Gegenstück. Man findet ihn, wie könnte es anders sein, beim Tichy in Wien-Favoriten.

Kronen Zeitung, April 1985

Das handwerkliche Können bei der Herstellung macht sich laut Tichy wieder bezahlt: "Ich kann einen Liter Kunsteis um 3,50 Schilling herstellen oder ein Qualitätseis um 25 bis 30 Schilling je Liter." Die Nachfrage nach Spitzenqualität jedenfalls spricht eine deutliche Sprache. Bei den Eissalons entfallen 60 Prozent des Gesamtumsatzes auf die traditionellen Geschmacksrichtungen Erdbeer, Vanille und Schokolade.

Wirtschafts-Magazin, 1985

Als wir bei den berühmten "40 Krügeln im Schatten" in der noch heißeren "Eiswerkstatt" Tatortfotos von der Eisherstellung machen, finden wir den Meister vor einer ganzen Galerie Fässer: sechs Tonnen tiefgekühlte Himbeeren werden gerade angeliefert. Kurt Tichy inspiziert alles höchstpersönlich. "Das Endprodukt ist nur so gut wie das, was man reintut."

Frau, 1985

EIS AM REUMANNPLATZ

Durch eine kurze Passage im Tichy-Haus gelangt man in einen Salon, der den Namen "Palais de Glace" führt und diesem Namen wahrlich zur Ehre gereicht. Ab 12 Uhr mittags ist dieser Prachtsalon für die Gäste geöffnet, die hier neben ihren Eiswünschen in biedermeierartiger Umgebung für einige Zeit Erholung und Entspannung finden können. Eine Schilderung dieses neu etablierten dezenten Salons ist mit ein paar Worten nicht möglich - man muß es selbst erleben, und es zahlt sich aus, nach Favoriten zu pilgern.

AZ, Juni 1985

Die enorme Auswahl an verschiedensten Eissorten hat den Eissalon Tichy am Reumannplatz in Wien-Favoriten zu einem Begriff gemacht. Durchschnittlich besuchen täglich 10.000 Eisliebhaber den Eissalon. Dank der großen Nachfrage wird das Eis stündlich frisch erzeugt, und so ist der "Tichy"-Geschmack gewährleistet.

Der Wohlfahrtsdienst,
Mai/Juni 1985

Eisspezialitäten sind kulinarische Köstlichkeiten, die der Phantasie Tür und Tor öffnen. Ob für festliche Tafeln, Parties oder ein Diner zu zweit, man bietet dem Gast Gaumenfreude und den Ausdruck kultivierter Gastlichkeit.

Kronen Zeitung, Mai 1986

Der Besuch eines Eissalons ist ein Vergnügen, das sich wirklich jeder leisten kann. Auch Kinder, die von ihren Eltern nur wenig Taschengeld bekommen. Ein Stanitzel mit gemischtem Eis kostet nur sieben Schilling. Im Becher wird das Gefrorene bereits um zehn Schilling abgegeben.

Kronen Zeitung, 23. April 1986

EIS AM REUMANNPLATZ

Daß ein Wiener Eissalon während der Saison pro Tag zehntausend Eisfreunden Spezialitäten ins "Stanitzel" füllt, wäre noch vor einigen Jahren ins Reich der Phantasie verwiesen worden. Denn das Vorurteil "Nur die Italiener haben gutes Eis" galt für die heimischen Eisschlecker als Dogma. Doch Kurt Tichy, Wiens Eiskönig aus Favoriten, räumte nicht nur erfolgreich mit dieser Sage auf, sondern bot auch mit seinen Spitzenprodukten europäischer Frischeiserzeugung erfolgreich den beiden Eis-Industrieriesen Eskimo und Schöller die Stirn, die seit Jahren begehrlich auf seine Spezialitäten schielen.

frau + freizeit, 1986

Natürlich gibt es wie jedes Jahr im einzigen mit dem Staatswappen ausgezeichneten Eissalon Österreichs in Kürze auch eine neue Spezialität: den "Coup Robert Stolz". Der Komponist, der heuer seinen 100. Geburtstag feiern würde, war Stammkunde bei Tichy. "Sie schenken unzähligen Menschen Freude", schrieb der Operettenkönig dem Eiskönig in einem Brief. Daran hat sich nichts geändert.

Kronen Zeitung, (?)

Daß aber der Begriff "Familie" in seiner Aufzählung der Auslöser des Unternehmererfolges obenan steht, die Gattin, die das En-gros-Geschäft managt und die Personalbuchhaltung, der Sohn als gastgewerblicher Fachschulabsolvent und rechte Hand, die Tochter als fertige Historikerin und Buchautorin, das gehört auch zum Tichy und seinem Reich. Sowie die Stopfenreuther Au, wo er mit der Angel am Werk ist und einmal einen 1,14 m langen Superhecht (Foto im Büro) aus dem Donauarm holte. "Ja. Der Tichy ist ein Grüner ..."

Rudolf Weber

GGK
TICHY
EIS AM REUMANNPLATZ

In Wien zumindest ist der Eis-Tichy ein Begriff wie der Demel. Nur, wo sich beim Demel ein paar Dutzend Touristen und Top-Snob-Wiener einfinden, sind's beim Tichy ebensoviel Tausende.

Unternehmensportrait, die Wirtschaft, 1986

Gute fünf Minuten hat es gedauert, bis ich mich durch eine geduldig wartende Menschenmauer in das Innere von Wiens größtem Eissalon durchgezwängt hatte. Und als ich dann endlich, schwer atmend, vor dem Erfinder der Eismarillen-Knödel stand, begrüßte mich dieser freundlich: "Heut' haben Sie Glück, des is a ruhiger Tag; sonst steh'ns in Fünferreihen vor dem Pult".

Helga Konlechner, Lokalführer, August 1986

Klingende Namen herrlicher Eisträume verlocken zum Genießen erstklassigen Saloneises. Selbstverständlich überrascht die Familie Tichy auch heuer wieder mit neuen Produkten. So wird ein Mohnparfait mit Waldhimbeersauce Sie sicher genauso begeistern wie die Mini-Cointreau-Flasche mit wirklich delikatem Inhalt.

Wochenspiegel, 1986

Viele Titel hat Kurt Tichy im Laufe seines Lebens schon gesammelt - Eiszar ist ihm immer noch am liebsten. Nach dem Geheimnis seines Erfolgs befragt, meint Tichy einfach: "Ich habe dasselbe Geheimnis wie jeder erfolgreiche Unternehmer. Freude am Beruf, das Achten auf eine erstklassige Qualität - und dadurch der Stolz auf die gebotene Leistung - das macht den Erfolg aus."

Gastwirt, 5/88

TICHY
GGK
EIS AM REUMANNPLATZ

Kurt Tichys Aufstieg und Erfolg läßt sich am besten mit dem des legendären Zeitungsjungen Amerikas vergleichen, der durch Fleiß, Ehrgeiz und Geschick den Sprung in die Chefetage eines Zeitungsimperiums geschafft hat.

Kronen-Zeitung, 1988

Das Erfolgsgeheimnis Tichys ist eigentlich gar keines. Denn: Schon in den Anfängen sparte er nicht am falschen Platz, legte Tichy größten Wert auf die Qualität seines Erzeugnisses. Diesem Grundsatz ist er bis heute treu geblieben.

Kronen-Zeitung, 1988

Auf den Gaumen der Wiener zielt die Plakat- und Printaktion für den Eissalon Tichy am Reumannplatz in Favoriten ab. Die Zielgruppe ist klar definiert: Alle, die gerne Eis essen. Und das sind gar nicht so wenige. Das Ergebnis: Frequenzsteigerung und Veränderung des Images des Eissalons in Favoriten zu einem modernen, außergewöhnlichen Geschäft.

Case Study, Extradienst, 10/89

Jedes Jahr überrascht Komm. Rat Kurt Tichy, Erfinder der legendären Eismarillenknödel und anderer glacierter Spezialitäten, sein Stammpublikum mit neuen Kreationen, neuen Mischungen, neuen Geschmacksrichtungen. Heuer ist Tichy auf den "Coup rabbit" gekommen. Ein Eis der neuen Linie, gesund, vitaminreich, ausschließlich aus Naturprodukten zusammengesetzt. Mit Karotten und vielen Vitaminen. Ein Eis für Gesundheitsbewußte, die trotzdem auf den süßen Genuß nicht verzichten wollen.

Wirtschaft, 1989

TICHY
GGK
EIS AM REUMANNPLATZ

Heinrich Übleis, den Chef-Trommler der "neuen Bahn", hat seine jüngste Werbeaktion, die Rabbit-Card, auf den Geschmack gebracht. Weil in kürzester Zeit schon 32.000 Rabbit-Cards verkauft wurden, bekannte sich Übleis am Reumannplatz vor Kurt Tichys Schleckerdorado ganz offiziell zu den Hasen. Und Kurt Tichy kreierte einen eisigen Vitaminbomber: den Coup Rabbit, bei dessen Karotteneis nicht nur Hasen auf den Geschmack kommen dürften. Heinrich Übleis hat's so geschmeckt, daß er die Eiskreation nach Möglichkeit in allen Speisewagen anbieten will.

Kurier, Mai 1989

An warmen Frühlings- und heißen Sommertagen ist Tichys Eispalast am Reumannplatz der Treffpunkt für Genießer. Natürlich kann man Eis das ganze Jahr über essen, in Wien beginnt die Eissaison aber erst dann so richtig, wenn der Eissalon Tichy, einer der größten und schönsten Europas, seine Pforten wieder öffnet.

Bezirkszeitung Favoriten, 1990

Ihr Weg zu Tichy's Eissalon lohnt sich, sobald Ihnen eine der freundlichen und adrett gekleideten Verkäuferinnen Ihre Wünsche an der Theke überreicht und Sie dann an einem der Tische Ihre Köstlichkeit verzehren können. Am späteren Nachmittag empfiehlt es sich, das sehenswerte "Palais de Glace" zu besuchen. In diesem Kommunikationszentrum wird der Slogan "Wer an Eis denkt - denkt an Tichy" immer konkreter.

Bezirkszeitung Favoriten, 1990

Plakatwerbung 1994 (oben) und 1995 (unten)

„Ohne Tichy gibt's kein Favoriten", mit diesen Worten unterstützte Bürgermeister Dr. Helmut Zilk die große Bedeutung von Tichy's Eissalon für den Bürger und die Stadt Wien überhaupt. Anlaß dieser launigen Laudatio durch den Bürgermeister war die Eröffnung des Tichy-Brunnens, der, gestaltet von Professor Hans Muhr, fortan zur Erbauung der in- und ausländischen Gäste und Bürger auf dem Reumannplatz sprudelt.

Servus in Wien, 8/91

Kurt Tichy ist eines der wenigen mittelständischen Unternehmen, das seit Jahren konsequent auf Außenwerbung setzt: Plakat, Verkehrsmittelwerbung und nun City Lights. Der Erfolg gibt ihm und der betreuenden Agentur GGK recht: "Das Plakat schafft Image und verstärkt das Image. Und gibt dem Konsumenten außerdem das Gefühl der Omnipräsenz der Produkte. Tichy gibt es überall - obwohl jeder weiß, daß es Tichy Eisspezialitäten nur bei ihm gibt."

Case Study, Extradienst

Wenn die Leute vor dem Salon Schlange stehen, um das ersehnte Tichy-Eis zu erstehen, sieht man oft einen strahlenden, rundum glücklichen und zufriedenen Mann im weißen Mantel durch die Menge schreiten. „Grüß Gott, Herr Kommerzialrat!" - „Super, das neue Eis!" - Ja, ja, er ist beliebt. Er ist Mensch geblieben. Trotz seiner Bilderbuchkarriere ist er kein Manager, der nur im großen Ledersessel residiert - nein, Komm. Rat Tichy liebt den Gesprächskontakt mit seinen Kunden. "Woher soll ich denn sonst wissen, was besonders schmeckt oder mit welchen Kreationen ich die Leute noch überraschen kann?", meint er schmunzelnd.

Freizeit-Journal, 7/96

Die Komposition
TICHY
Das Eisbusserl

Plakatwerbung 1985

Plakatwerbung 1985

Plakatwerbung 1985

Eine der zwölf verschiedenen, von Kurt Tichy
1970 kreierten Eistorten

Tichy-Fertigprodukte für zu Hause begeistern in ihrer Vielfalt und Qualität auch die verwöhntesten Gäste.

Tichy-Plakataktion 1996

Tichy-Plakataktion 1996

Wohin
man
schaut.

Always thirsty.
Coca-Cola
Coke
ALWAYS
Coca-Cola®
Coca-Cola is a registered trademark of THE COCA-COLA COMPANY.

Crêpes flambées mit Grand Marnier

(Rezept für ca. 12 kleine Crêpes), 50 Minuten

ZUTATEN:

1/4 l Milch, 1 Prise Salz,
25 g Zucker, 2 Eier,
125 g Mehl,
30 g zerlassene Butter,
100 g Butter,
10 cl Grand Marnier
Cordon Rouge

(Rezept für ca. 12 kleine Crêpes),
50 Minuten

Einen Eierkuchenteig folgendermaßen zubereiten:

1 *Etwa 2/3 der Milch in ein Gefäß geben, Salz, Zucker, Eier und Mehl dazu tun und kräftig schlagen bis der Teig ganz glatt ist.*

2 *Die restliche Milch dazu verwenden, den gewünschten Flüssigkeitsgrad des Teiges zu erreichen. Die zerlassene, lauwarme Butter unterrühren. Jeden Eierkuchen in Butter ausbacken, überzuckern und zweimal zusammenfalten.*

3 *Die Crêpes (Eierkuchen) in eine gut gebutterte Flambierpfanne geben und diese auf ein brennendes Rèchaud stellen. Gut durchwärmen.*

4 *Mit Grand Marnier übergießen und nach einigen Augenblicken flambieren.*

Noch feinere und aromatischere Crêpes erhält man, wenn man 3 cl Grand Marnier Cordon Rouge dem Teig beigibt.

Ein Handwerksbetrieb auf der Höhe der Zeit

Die Firma Ambroz ist seit ihrer Gründung vor 78 Jahren ein Familienbetrieb im 10. Bezirk, mit 150 Beschäftigten.
Schon die 3. Generation der Familie Ambroz ist für den Eissalon Tichy tätig. Jedes Jahr mit Frühlingsbeginn werden der Eissalon, die Produktionsstätten und die Fassade in einem zarten Vanillegelb gestrichen. Im Palais de Glace des Eissalons Tichy wurden handwerklich hochwertige Dekorationsmalerei, wie Marmorier- und Lasurtechniken eingesetzt.
Ein weiteres Wirkungsfeld der Firma Ambroz ist auch die Beschichtung von Innenwänden und Fassaden mit neuartigen, umweltfreundlichen Materialien nach dem letzten Stand der Technik. Die seit 1980 bestehende Näherei ist mit modernsten Maschinen ausgestattet. Hier werden die in der Verkaufsboutique, Reumannplatz 12, erhältlichen Dekor-, Bezugsstoffe, Stores verarbeitet, sowie alle Sonderanfertigungen im Dekorationsbereich für Büros und Hotels.

Foto: Christine Foto Atelier

Malerei in der restaurierten Sternwarte in Wien-Döbling

Die Abteilung Tapezierer und Bodenleger verarbeitet neben Bautapeten auch alle Arten von hochwertigen Papier- und Stofftapeten. Neben der Polsterei und dem Verlegen von Teppichen werden auch die Verarbeitung von Kunststoffböden für Schulen, Krankenhäuser angeboten. Seit 1996 wurde das Angebot durch eine eigene Parkett Abteilung erweitert, die sowohl Neuverlegungen, als auch Restaurierungen im Objekt- und Privatbereich anbietet.

or 45 Jahren begann die schönste Eiszeit ...

...und die GGK Wien wünscht der Familie Tichy weiterhin viel Erfolg.

Der echte Wiener.

Meinl Kaffee

KAFFEEGENUSS FÜR KENNER

TICHY
Ende
TICHY

Der Eissalon Tichy, 1980.

Eisspezialitäten

Das berühmte, von Kurt Tichy 1967
erfundene „Eismarillenknödl“.

Kurt Tichy,
Geschäftsführer

Die junge Generation:

Kurt Tichy, Absolvent der Gastgewerbefachschule, seit 1994 Geschäftsführer, leitet seit 15 Jahren die Produktion und ist verheiratet mit Lucia Tichy, geb. Voskerusa.

Lucia Tichy (li.), Absolventin der Handelsschule, ist in der Finanzabteilung der Wiener Gebietskrankenkasse tätig und zur Zeit in Karenz.

Marina Tichy (re.), Dr.phil., ist Historikerin und Mitarbeiterin im Betrieb.

Die ganz junge Generation:
Xenia Tichy, geb. 1996.

Inhalt

Impressum:

Gesamtherstellung: Milde Verlag Ges.m.b.H. Verfahren und Rohstoffe zur Erzeugung dieses Buches wurden nach Gesichtspunkten der Umweltverträglichkeit ausgewählt -
Papierkern: Euro Art seidenmatt h'frei weiß, 170 g/m², hergestellt aus 100 % chlorfrei gebleichtem Zellstoff
Vertrieb: IT-Papier GmbH.

ISBN: 3-901205-02-0

Fotos: Archiv Tichy, Milde,
Rüdiger Ettl (Seite 2)